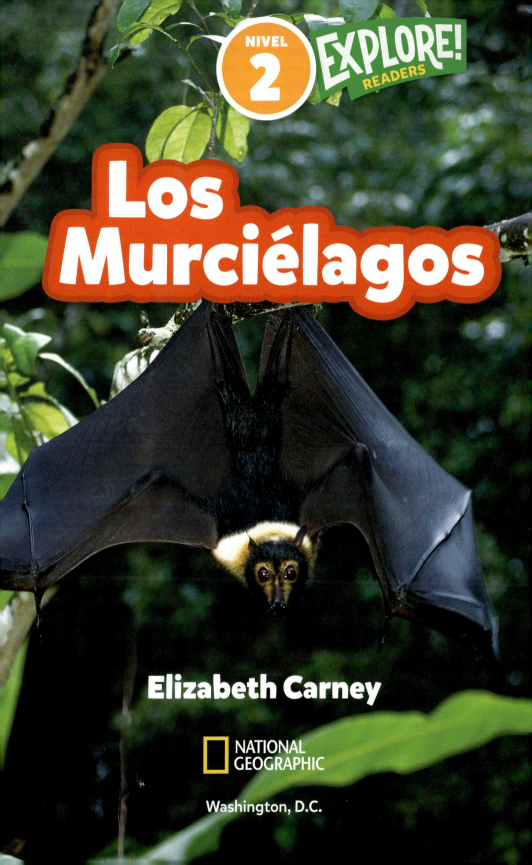

Los Murciélagos

Elizabeth Carney

NATIONAL GEOGRAPHIC
Washington, D.C.

**Para Cheri y Raquel, y los afectuosos recuerdos de nuestras travesuras nocturnas.
—E. C.**

Publicado por National Geographic Partners, LLC, Washington, DC 20036.

Derechos del autor © 2011 National Geographic Society
Derechos del autor de la traducción © 2025 National Geographic Partners, LLC

Todos los derechos reservados. La reproducción parcial o total del material sin el permiso escrito de la editorial está prohibida.

NATIONAL GEOGRAPHIC y Yellow Border Design son marcas registradas de National Geographic Society, usadas bajo licencia.

Diseñado por Gustavo Tello
Arte de Melanie Mikecz

Libro en rústica ISBN: 978-1-4263-7826-3
Encuadernación de biblioteca reforzada ISBN: 978-1-4263-7827-0

Créditos fotográficos
TAPA, Theo Allofs; 1, Martin Withers/Minden Pictures; 2, Merlin D. Tuttle/Bat Conservation International; 5, cbstockfoto/Alamy Stock Photo; 6–7, Norbert Wu/Minden Pictures; 8, Michael Lynch/Alamy Stock Photo; 9, Carol Farneti-Foster; 10–11, Tim Laman/National Geographic Image Collection; 12, Mark Carwardine/Nature Picture Library; 13, Eric Baccega/Nature Picture Library; 14, Victor Habbick Visions/Science Source; 16 (IZQUIERDA), ImageState/Alamy; 16 (DERECHA), Dr Morley Read/Shutterstock; 17 (IZQUIERDA), Nina Leen/Getty Images; 17 (DERECHA), Barry Mansell/Nature Picture Library; 19, Theo Allofs; 21, Tristan Savatier/Getty Images; 22, Hans Neleman; 23, Merlin Tuttle/Science Source; 24–25, Tim Marsden; 26, Michael and Patricia Fogden/Minden Pictures; 28, Ingo Arndt/Minden Pictures; 29 (ARRIBA), Tom Uhlman/Alamy Stock Photo; 29 (CENTRO), Oxford Scientific/Photolibrary/Getty Images; 29 (ABAJO), Nick Gordon/Ardea; 30 (ARRIBA), Steve Downer/Ardea; 30 (ABAJO), Tim Laman/National Geographic Image Collection; 31 (ARRIBA), Konrad Wothe/Minden Pictures; 31 (CENTRO), Chris Howes/Wild Places Photography/Alamy Stock Photo; 31 (ABAJO), Hugo Willcox/Foto Natura/Minden Pictures; 32 (ARRIBA IZQUIERDA), cbstockfoto/Alamy Stock Photo; 32 (ARRIBA DERECHA), Victor Habbick Visions/Science Source; 32 (CENTRO IZQUIERDA), Bob Stefko; 32 (CENTRO DERECHA), Michael and Patricia Fogden/Minden Pictures; 32 (ABAJO IZQUIERDA), Tim Laman/National Geographic Image Collection; 32 (ABAJO DERECHA), Steffen & Alexandra Sailer/Ardea

Impreso en los Estados Unidos de América
25/WOR/1

Tabla de contenidos

¿Qué es un murciélago?	4
Alimentación	6
Vuelo nocturno	10
El cuerpo del murciélago	12
Cara chistosa	16
Pasar el tiempo	18
Murciélagos bebés	22
Rescate de murciélagos	24
Ayudantes de la naturaleza	26
Mitos desmentidos sobre los murciélagos	28
Salón de la fama de los murciélagos	30
Glosario	32

¿Qué es un murciélago?

Duermo durante el día. Vuelo durante la noche. No tengo plumas que me ayuden a volar. ¿Qué soy?

La respuesta es un ¡murciélago! Un murciélago es un mamífero. Los mamíferos tienen pelo y sangre caliente. Ellos amamantan a sus crías. Los humanos, los perros y las ballenas son mamíferos. Pero los murciélagos pueden hacer algo especial: ¡volar!

Vocabulario

MAMÍFERO: Un animal de sangre caliente que amamanta a sus bebés y tiene columna vertebral y pelaje

murciélago zorro volador

Alimentación

Existen aproximadamente 1,200 tipos de murciélagos en el mundo. La mayoría come insectos. En general, los murciélagos que comen insectos son pequeños.

Existen más de 150 tipos de murciélagos de la fruta. Estos murciélagos generalmente son más grandes y comen frutas dulces y otras plantas.

RINCÓN DE RISAS

P ¿Por qué los murciélagos visitan el dentista?

R ¡Para una limpieza de colmillos!

murciélago de cola corta y sedosa comiendo

Algunos murciélagos cazan presas más grandes, como ranas, pájaros o ratones.

Algunas personas creen que todos los murciélagos chupan sangre. Esto no es cierto. Solamente existen tres tipos de murciélagos que beben sangre. Ellos se conocen como los murciélagos vampiro.

murciélago vampiro

Principalmente se alimentan de la sangre de animales como vacas y venados, pero no de humanos.

murciélago de labios con flecos comiendo una rana

Vuelo nocturno

¿Sabías que, mientras duermes, los murciélagos se alimentan? Los murciélagos son nocturnos. Esto significa que están activos durante la noche. Esta forma de vida tiene muchas ventajas para un murciélago.

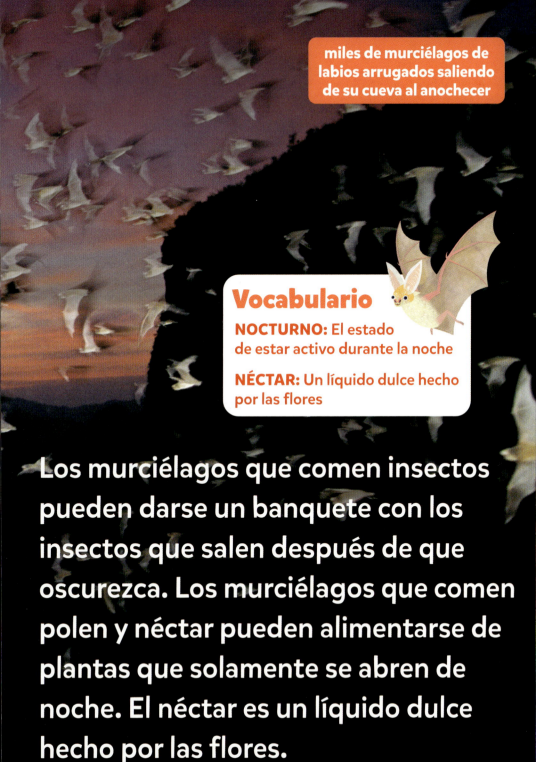

miles de murciélagos de labios arrugados saliendo de su cueva al anochecer

Vocabulario

NOCTURNO: El estado de estar activo durante la noche

NÉCTAR: Un líquido dulce hecho por las flores

Los murciélagos que comen insectos pueden darse un banquete con los insectos que salen después de que oscurezca. Los murciélagos que comen polen y néctar pueden alimentarse de plantas que solamente se abren de noche. El néctar es un líquido dulce hecho por las flores.

El cuerpo del murciélago

Los científicos llaman a los murciélagos quirópteros (kir-OP-ter-os), un nombre griego que significa "mano alada".

Esto es porque los murciélagos tienen cuatro dedos y un pulgar como nosotros. Los dedos están conectados por una delgada capa de piel. Esto es el ala. Los murciélagos también tienen una nariz sensible y orejas grandes. ¡Estas orejas ayudan a algunos murciélagos a ver con el sonido!

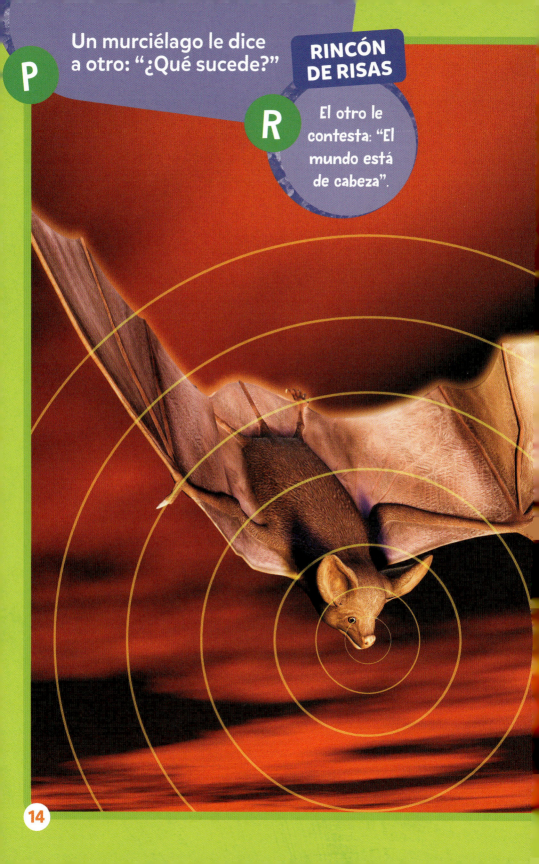

En la oscuridad de la noche, los murciélagos pueden atrapar insectos pequeños con facilidad. ¡No necesitan linternas!

¿Cómo lo hacen? Crean un sonido que viaja hasta alcanzar un objeto. Luego, el sonido choca con ese objeto y regresa al murciélago.

Gracias a este eco, el murciélago sabe el tamaño del objeto y qué tan lejos se encuentra. Esto se llama ecolocalización.

Vocabulario
ECOLOCALIZACIÓN: Un sistema que algunos animales usan para encontrar objetos a través de sonido

Cara chistosa

Algunos murciélagos tienen caras extrañas. Sus orejas, narices y bocas especiales los ayudan a captar y a crear sonidos mientras usan la ecolocalización.

murciélago vampiro falso

murciélago de las Amazonas

murciélago manchado

Sus caras nos pueden parecer extrañas, pero ¡sus rasgos funcionan perfectamente para lo que los necesitan!

murciélago de orejas grandes

Pasar el tiempo

Cuando los murciélagos no están buscando alimento, generalmente se ocultan en un dormidero. Los dormideros pueden ser cuevas, copas de árboles o áticos. Los murciélagos eligen lugares que están ocultos y que los protejan del mal clima.

¡La mayoría de los murciélagos se cuelgan de cabeza mientras descansan en su dormidero!

Vocabulario
DORMIDERO: El lugar donde algunos animales descansan, como los murciélagos y ciertos tipos de aves

pequeños zorros voladores de cabeza roja descansando en un árbol

¿Alguna vez te colgaste de cabeza en un columpio? Es posible que hayas sentido mareos. Los murciélagos tienen venas especiales que mantienen el flujo de sangre correcto para nunca sentirse mareados.

Los murciélagos no pueden despegar desde el suelo como los pájaros. Tienen que caer para comenzar a volar. Colgados de cabeza pueden salir volando más rápido.

RINCÓN DE RISAS

P Un murciélago le pregunta a otro: "¿Qué quieres ser cuando seas grande?"

R El otro responde: "Batman".

murciélagos colgados y volando en su cueva

Murciélagos bebés

madre y bebé murciélago

22

Los murciélagos bebés dependen completamente de sus madres después de nacer.

Están ciegos, sin pelo y no pueden volar. Se agarran del pelaje de su madre y se alimentan de su leche hasta que sus alas son lo suficientemente fuertes para volar.

madre y bebé murciélagos de hombreras gambianos volando

Rescate de murciélagos

Durante las tormentas en una selva de Australia, los vientos pueden tirar a los murciélagos bebés al suelo. Para sobrevivir, los bebés necesitan ayuda de los trabajadores forestales.

murciélagos rescatados en Queensland, Australia

Los bebés rescatados son llevados a un hospital de murciélagos. Ellos son envueltos en sábanas y toman leche de un biberón. Después de unos meses, son fuertes y pueden regresar a la naturaleza.

Ayudantes de la naturaleza

murciélago de néctar de patas peludas con polen en la cabeza y hombros

Un mundo sin murciélagos no sería muy bueno. Los murciélagos son una parte importante del ecosistema.

Muchos insectos pueden dañar a humanos o destruir cosechas. Por suerte, los murciélagos insectívoros comen millones de insectos y mantienen sus números bajo control.

Otros murciélagos mantienen los bosques saludables al propagar semillas y polen. Esto permite que los árboles y las flores se multipliquen.

Vocabulario

ECOSISTEMA: El medio ambiente en el que viven los seres vivos

Mitos desmentidos sobre los murciélagos

Algunas personas tienen ideas equivocadas sobre los murciélagos. Estos son algunos de los mitos comunes que enloquecen a los expertos.

MITO: Los murciélagos son ciegos.

VERDAD: Los murciélagos tienen una vista excelente. Algunos murciélagos cazan usando solamente su vista.

MITO: Los murciélagos son sucios.

VERDAD: De hecho, los murciélagos son muy limpios. Se asean mucho. Las madres lamen a sus bebés para mantenerlos limpios.

MITO: El pelaje dificulta el vuelo de los murciélagos.

VERDAD: Con sus sentidos agudos y la ecolocalización, los murciélagos son buenos voladores. Pueden evitar cosas tan delgadas como un hilo.

MITO: Los murciélagos vampiro se convierten en vampiros humanos.

VERDAD: No existen los vampiros humanos, y los murciélagos no se pueden convertir en uno.

29

Salón de la fama de los murciélagos

UN CHIQUITÍN

El murciélago más pequeño del mundo es el murciélago abejorro. Sus alas miden trece centímetros de largo. Su cuerpo es del tamaño de una estampilla.

MEGA ALAS

El murciélago más grande es el zorro volador de un kilogramo. Sus alas pueden llegar a medir 1.8 metros de largo. ¡Mucho más de lo que tú mides!

CAMPISTA FELIZ

El murciélago blanco hondureño crea carpas con hojas para protegerse de las constantes tormentas.

LA CASA MÁS REPLETA

Veinte millones de murciélagos mexicanos de cola de ratón viven en una cueva en Texas. Estos murciélagos también son los seres voladores más sofisticados. ¡Pueden volar hasta 3,000 metros de distancia y navegar a velocidades de más de 64 kilómetros por hora!

GRAN APETITO

¡Los pequeños murciélagos marrones pueden comer hasta 1,200 mosquitos en una noche! ¡Delicioso!

Glosario

Dormidero

El lugar donde algunos animales descansan, como los murciélagos y ciertos tipos de aves

Ecolocalización

Un sistema que algunos animales usan para encontrar objetos a través de sonido

Ecosistema

El medio ambiente en el que viven los seres vivos

Mamífero

Un animal de sangre caliente que amamanta a sus bebés y tiene columna vertebral y pelaje

Néctar

Un líquido dulce hecho por las flores

Nocturno

El estado de estar activo durante la noche